Conheça uma das construções mais famosas do mundo

Bem-vindo(a) à Torre Imperial Labirinto, localizada no coração de Labirintópolis. Os andares superiores oferecem vistas panorâmicas de tirar o fôlego. Não importa se você está na cidade para passar um dia, uma semana ou um mês. A Torre Imperial Labirinto é parada obrigatória.

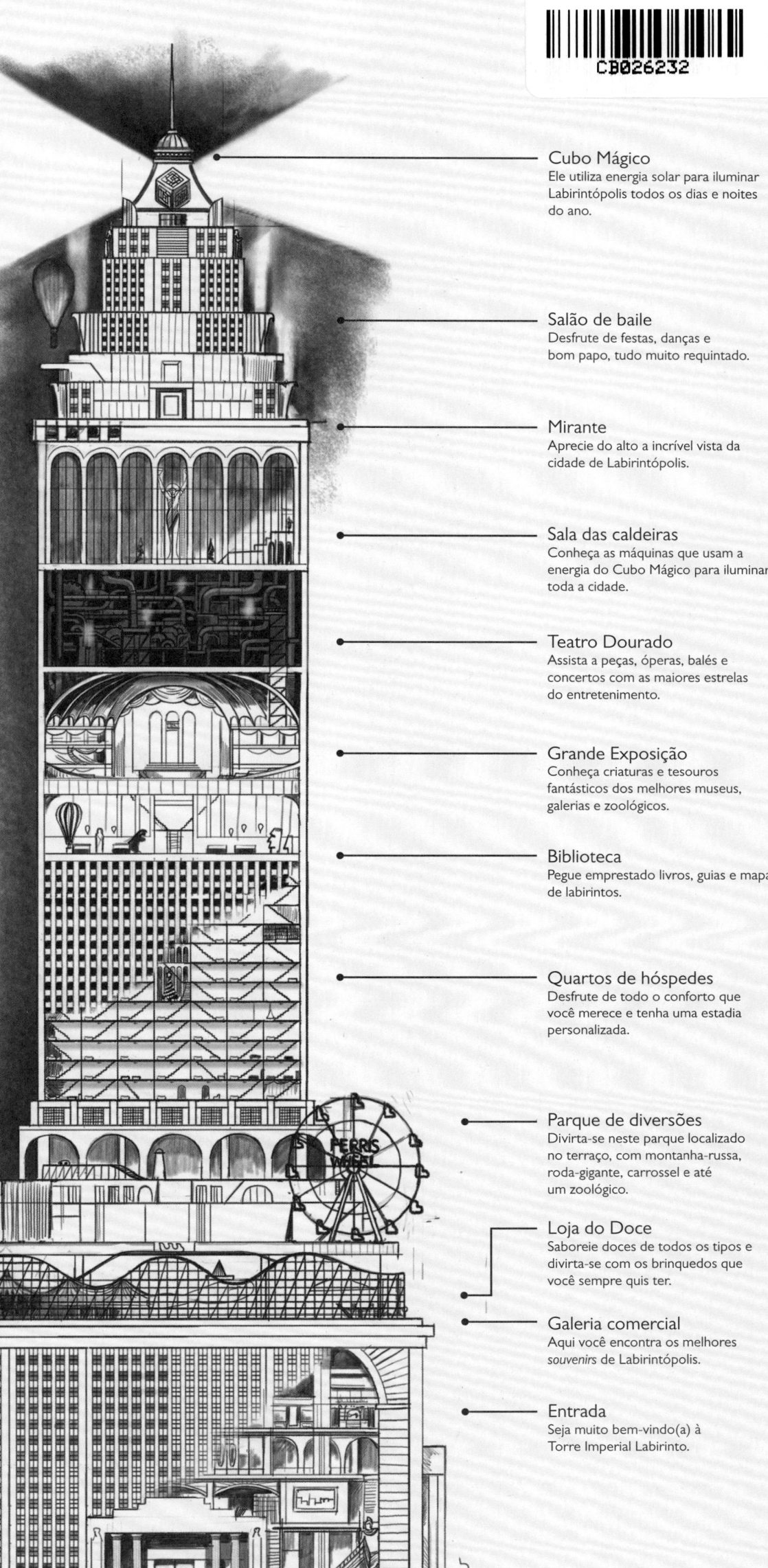

Cubo Mágico
Ele utiliza energia solar para iluminar Labirintópolis todos os dias e noites do ano.

Salão de baile
Desfrute de festas, danças e bom papo, tudo muito requintado.

Mirante
Aprecie do alto a incrível vista da cidade de Labirintópolis.

Sala das caldeiras
Conheça as máquinas que usam a energia do Cubo Mágico para iluminar toda a cidade.

Teatro Dourado
Assista a peças, óperas, balés e concertos com as maiores estrelas do entretenimento.

Grande Exposição
Conheça criaturas e tesouros fantásticos dos melhores museus, galerias e zoológicos.

Biblioteca
Pegue emprestado livros, guias e mapas de labirintos.

Quartos de hóspedes
Desfrute de todo o conforto que você merece e tenha uma estadia personalizada.

Parque de diversões
Divirta-se neste parque localizado no terraço, com montanha-russa, roda-gigante, carrossel e até um zoológico.

Loja do Doce
Saboreie doces de todos os tipos e divirta-se com os brinquedos que você sempre quis ter.

Galeria comercial
Aqui você encontra os melhores *souvenirs* de Labirintópolis.

Entrada
Seja muito bem-vindo(a) à Torre Imperial Labirinto.

BEM-VINDO(A) À TORRE IMPERIAL LABIRINTO

VEJA DO ALTO TODAS AS BELEZAS *da* INCRÍVEL CIDADE DE LABIRINTÓPOLIS

Aberta diariamente

Pierre
DETETIVE DOS LABIRINTOS

O MISTÉRIO DA TORRE IMPERIAL LABIRINTO

por Hiro Kamigaki
& IC4DESIGN

Escrito por Chihiro Maruyama

Ciranda Cultural

COMO JOGAR

1 Primeiro, encontre o **INÍCIO (START)** ·········▷
Siga o labirinto até encontrar o *Senhor X*,
que estará perto do **FIM (GOAL)** ·········▷

2 Em cada cena, resolva os **DESAFIOS EXTRAS** do *Senhor X* e atenda aos pedidos dos outros personagens.

3 **PROCURE** estrelas douradas, troféus vermelhos, baús verdes e vermelhos, além de outros **ITENS ESCONDIDOS** em cada cena.

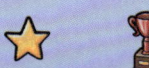

4 Se a passagem estiver **BLOQUEADA**, você terá de encontrar um caminho alternativo. Você só pode passar por uma pessoa ou um animal se houver espaço livre. Se houver mais de um caminho possível, escolha o **MAIS CURTO**.
Você pode subir e descer escadas, contanto que haja um caminho nelas. Você também pode cruzar por cima de objetos planos, como tapetes.

5 **PÁGINAS DE ENIGMAS** têm labirintos menores e desafios adicionais que precisam ser resolvidos antes que você passe para a página seguinte, então preste atenção nas instruções.

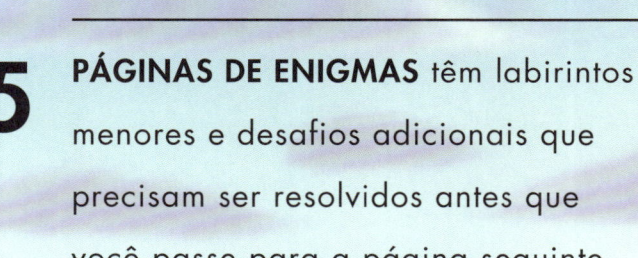

No convés 4
Transatlântico 6
Um porto lotado 8
Labirintópolis 10
Saguão principal 12
Enigma da Loja do Doce 14
O parque de diversões 16
Quartos de hóspedes 18
Enigma da biblioteca 20
A Grande Exposição 22
O Teatro Dourado 24
A sala das caldeiras 26
O mirante 28
Enigma do salão de baile 30
Confronto nas alturas 32
Epílogo 34
Respostas 35

IMAGINE A CENA...

É de manhã. Um navio atravessa o oceano imóvel e sonolento em direção a uma cidade de altos arranha-céus no horizonte.

Esta é Labirintópolis, cidade onde os edifícios competem para ver qual é o mais alto. No meio deles, brilhando ao sol da manhã, ergue-se o mais alto de todos: a Torre Imperial Labirinto. Quase todos os passageiros do navio vão passar as festas de Natal lá. Pierre, no entanto, tem um propósito diferente. Ele tem a sensação de que algo grande vai acontecer. Pierre tem um talento especial para enxergar longe e ver o que está por vir. Sabe por quê? Porque ele é o solucionador de labirintos...

... O DETETIVE DOS LABIRINTOS!

Pierre
O detetive dos labirintos

Carmem
Amiga do Pierre

Novelo
O cão dos labirintos

Lorde Doce
dono da Torre Imperial Labirinto

Senhor X
O ladrão fantasma

No convés

Todos os passageiros estão relaxando a bordo. Carmem criou um labirinto para seu cãozinho, Novelo. Pierre está conversando com outros detetives famosos sobre os melhores casos de cada um. De repente, Lorde Doce, milionário proprietário da Torre Imperial Labirinto, anuncia:

— Vocês foram convidados para virem aqui por uma razão. Recebi uma carta do Senhor X, o ladrão fantasma. Ele planeja roubar o Cubo Mágico do topo da minha torre. Se ele conseguir, Labirintópolis vai mergulhar em escuridão. Se vocês não o capturarem, o Natal vai ser arruinado!

Carta misteriosa do Senhor X

Meu caro Lorde Doce, hoje, exatamente à meia-noite, planejo roubar seu precioso Cubo Mágico da Torre Imperial. Você e seus amiguinhos detetives nunca irão me pegar! Estou sempre observando vocês, mas será que vocês me veem? *Senhor X*

PEDIDO DO CHEF

Alguém pegou o melão que eu ia usar em minha deliciosa receita de sorvete de frutas. Pode me ajudar a encontrá-lo?

Itens escondidos

★ 1 ESTRELA DOURADA
🏆 1 TROFÉU VERMELHO
📦 1 BAÚ DO TESOURO VERMELHO

Gazeta de Labirintópolis — VOL.1

Detetives dos labirintos de todo o mundo se encontram em transatlântico de luxo

Vários detetives famosos estão indo para Labirintópolis para ajudar Lorde Doce em uma missão perigosa. Você viu todos eles?

 **Pierre** O detetive dos labirintos

 Carmem Amiga do Pierre

 Novelo O cão dos labirintos

 **Lorde Doce** Dono da Torre Imperial Labirinto

 Mazelock O investigador dos labirintos

 Explorador dos labirintos

Mestre dos labirintos

Sargento dos labirintos

Caubói dos labirintos

 Solucionadora dos labirintos

Transatlântico

Centenas de barcos e aviões estão viajando em direção a Labirintópolis para as festas de Natal. Pierre e Carmem devem chegar lá antes da multidão, mas qual é o melhor caminho até a praia?

Rápido! Desça os degraus, contorne a piscina e passe pelo peixe gigante no convés. Depois, suba novamente.

Por que Novelo está latindo? É o Senhor X! Ele está nos botes salva-vidas!

E agora? Entre em outro bote e vá atrás dele!

Um porto lotado

O porto está cheio de navios e rebocadores, iates e barcos a remo. Deve haver um caminho até a doca. Reme para a esquerda, passando pelo Mamie Smith, depois faça uma curva à direita. Cuidado com os troncos flutuantes!

Em terra firme, não há tempo a perder. Encontre o caminho até a passarela, atravesse-a e procure o ponto do bonde. Quem está acenando enquanto o bonde verde sai em disparada? O Senhor X! Nós teremos que pegar o próximo...

Labirintópolis

Bi-bi!

Os congestionamentos atrasam seu bonde. Já é hora do almoço na véspera de Natal, e muita gente em Labirintópolis está fazendo compras de última hora. Na multidão, volta e meia, você avista a capa roxa do Senhor X. Siga-o até os jardins do labirinto e passe pela loja de brinquedos. Ele adora brinquedos e jogos! Tenha cuidado com os cavalos ao atravessar a rua e volte correndo para os jardins.

Lá vai ele outra vez, desaparecendo na entrada da Torre Imperial Labirinto…

Saguão principal

Uau! A primeira coisa que você vê na Torre Imperial Labirinto é um enorme saguão repleto de estátuas, escadas, lojas e pessoas. Um carregador de bagagens o cumprimenta.

– O Senhor X se hospedou aqui? – pergunta Pierre.

– Sim, senhor! Ele estava indo em direção à Loja do Doce. Há uma multidão na recepção principal. Você pode deixar suas malas e subir as escadas. Se for rápido, poderá alcançá-lo!

A recepção fica no meio, com todos os carregadores atarefados, mas como você chegará até lá?

Enigma da Loja do Doce

Todos os detetives estão na Loja do Doce. Ela é repleta de doces, pirulitos, puxa-puxas e brinquedos. O lojista parece muito nervoso.

– Tenho uma mensagem do Senhor X – diz ele. – Cinco barras de chocolate foram escondidas em um labirinto no chão. Se puderem resolver este labirinto e encontrar três cavalos de balanço escondidos nas prateleiras, devo dar-lhes ingressos grátis para o parque de diversões.

Enquanto os outros detetives discutem, você começa a resolver o quebra-cabeça!

O parque de diversões

No andar de cima da Loja do Doce, as portas se abrem para um enorme terraço. Há uma onda de ar frio e o som de gritos e risadas.

É um parque de diversões, na cobertura! Há uma roda-gigante, carrosséis, brinquedos e até um zoológico.

Entregue seu ingresso e suba na montanha-russa. Novelo está esperando por você no topo. E veja lá em cima! É o Senhor X, subindo ainda mais, até os quartos do hotel...

Quartos de hóspedes

A porta se abre para um hotel cheio de escadas e quartos maravilhosos, onde hóspedes de todo o mundo podem desfrutar de diferentes atividades para uma estadia personalizada.

Qual caminho seguir? Subir e subir, quarto após quarto, em direção à imponente árvore de Natal com a estrela vermelha.

– O Senhor X está na biblioteca! – alguém diz. – Mas é preciso descer todo o caminho antes de subir novamente!

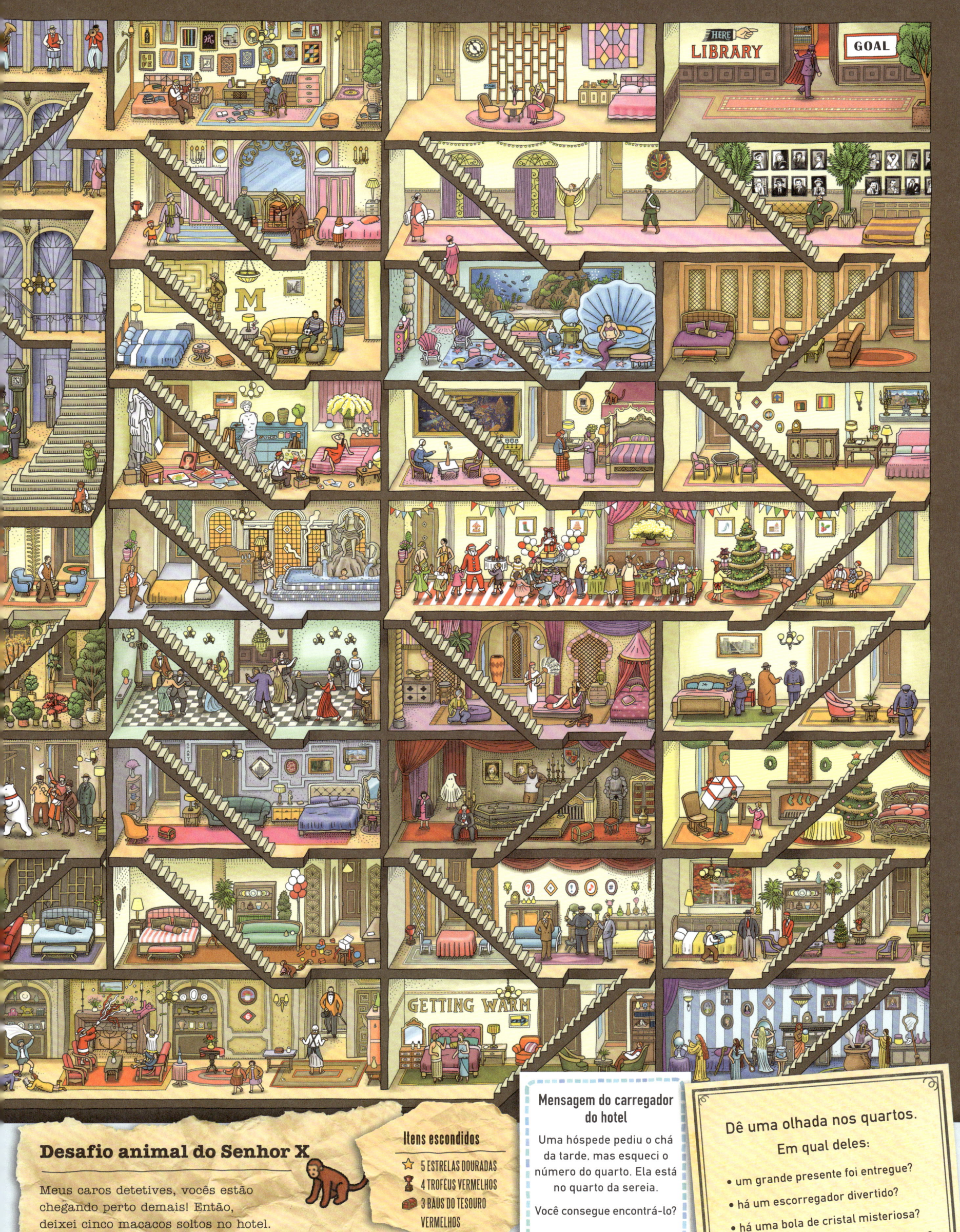

Enigma da biblioteca

O que aconteceu aqui? Todos os detetives chegaram à biblioteca, mas o lugar está uma bagunça terrível.

– O Senhor X me entregou uma mensagem para passar a todos vocês! – diz o chef do hotel. – Ele roubou o *Livro dos incríveis labirintos*, que mostra o caminho para o Cubo Mágico. Vocês só podem segui-lo após resolverem os dois enigmas que ele criou para vocês. Um está escondido nas estantes ao longo das bordas, o outro está nos livros no chão.

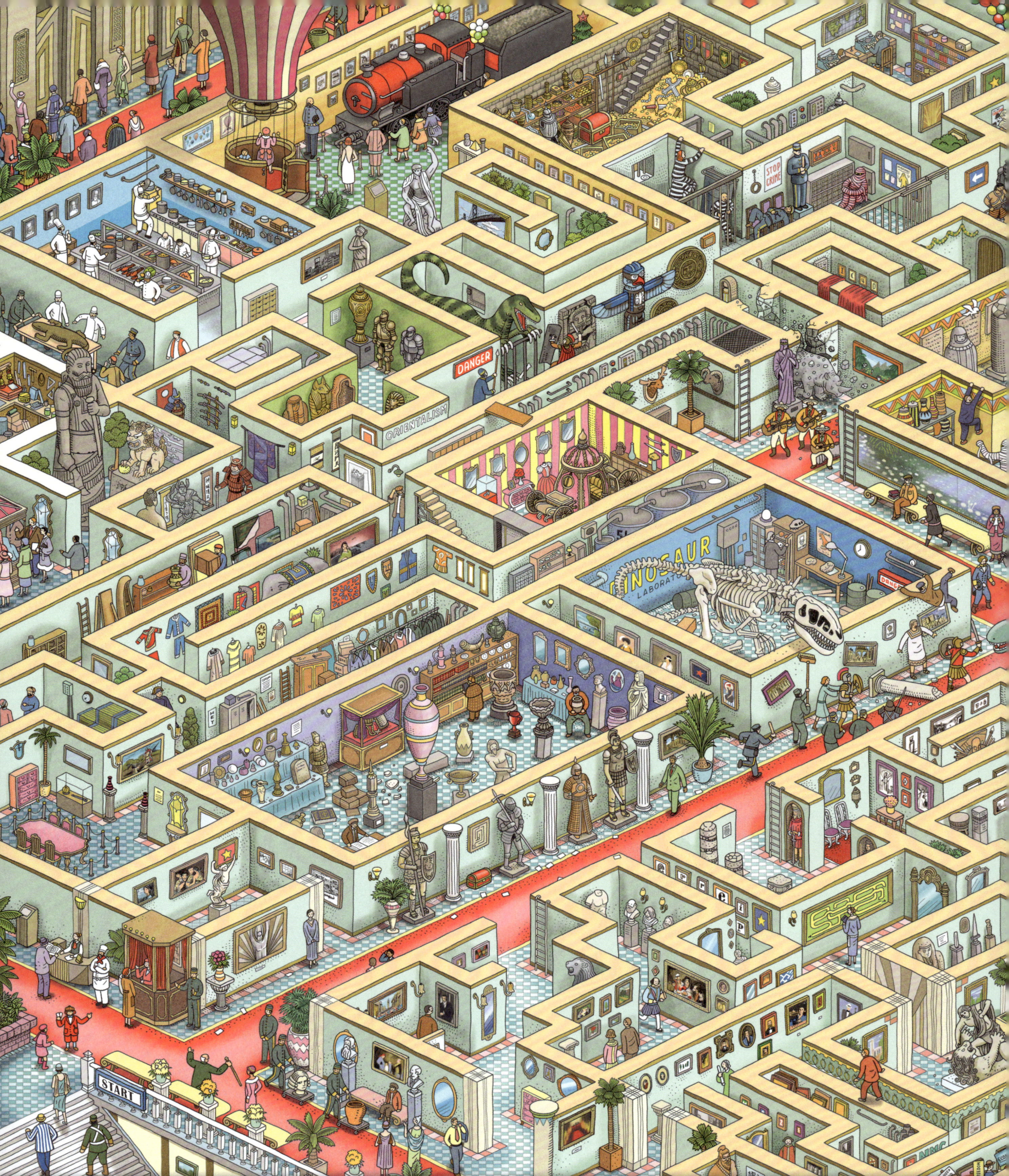

A Grande Exposição

No andar de cima da biblioteca, fica a Grande Exposição. Ela é repleta de criaturas e tesouros fantásticos que remontam aos tempos antigos. Normalmente, é um lugar tranquilo, mas hoje, não! O Senhor X libertou as criaturas do Salão de Dinossauros e Monstros. Como você vai passar por eles? Suba e desça as escadas e corra pelas paredes. *Grr! Roar!* Cuidado para não ser pisoteado por um animal de quatro cabeças ou agarrado por um ciclope. E não caia na piscina de crocodilos!

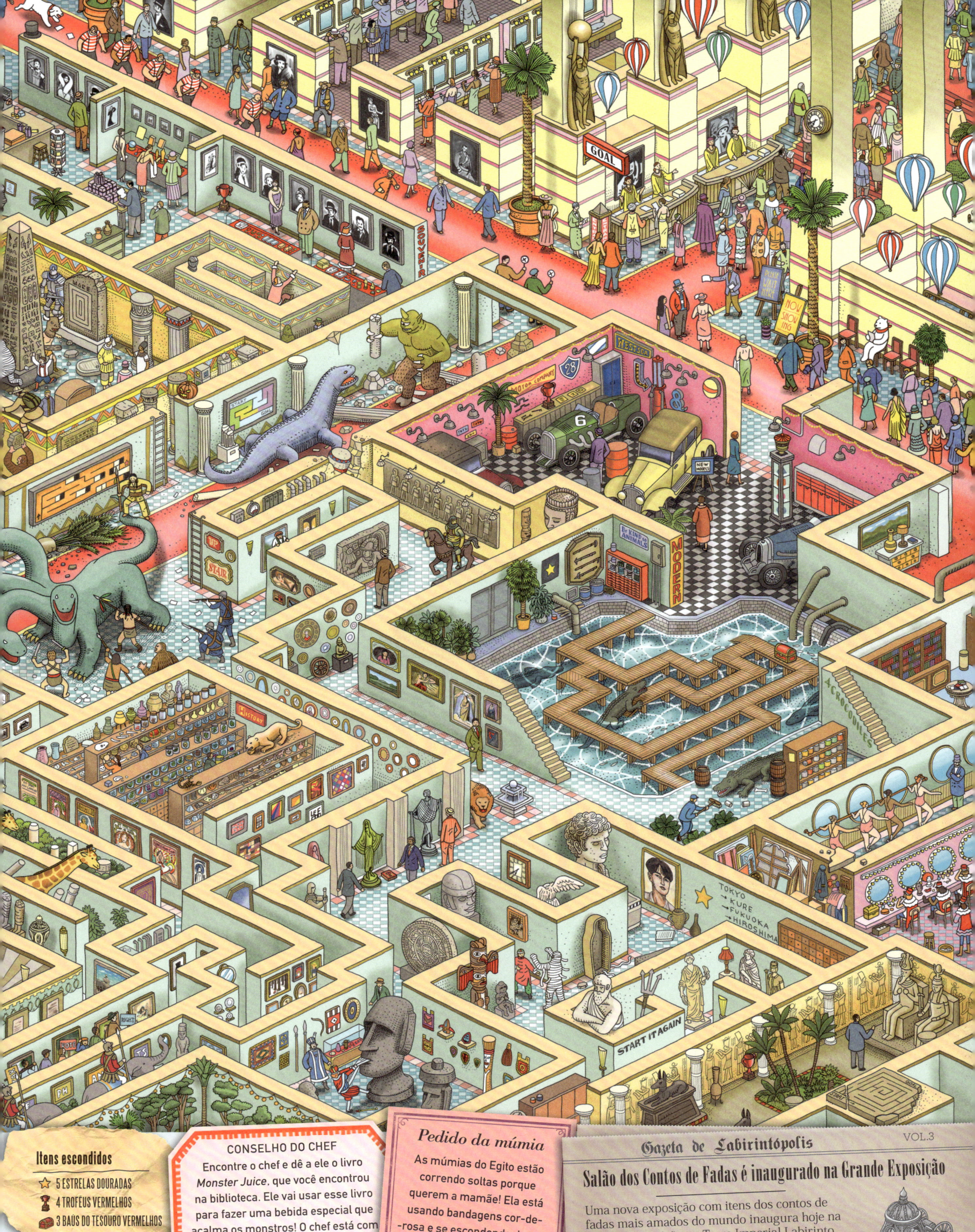

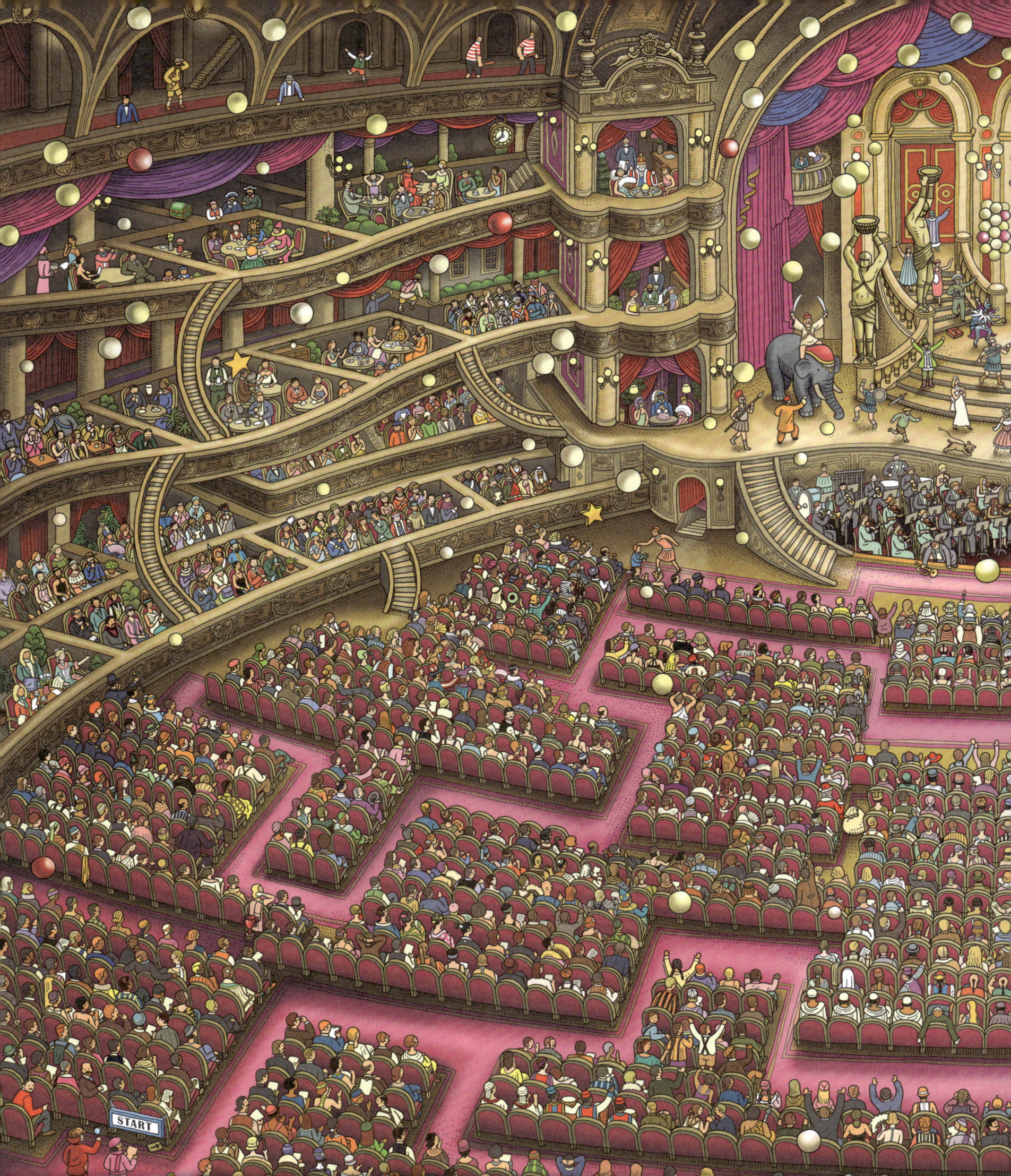

O Teatro Dourado

No Teatro Dourado, todos estão aplaudindo e ovacionando. Um dos monstros que escaparam, um dragão verde, está no palco. As pessoas pensam que ele faz parte do espetáculo!

No meio da confusão, o Senhor X está fugindo. Siga-o pelos assentos. Suba os degraus. Passe pela orquestra. Ali está ele! O Senhor X está no alto da galeria, acenando para você. Não há tempo a perder… Ele está indo para a escuridão da sala das caldeiras!

Itens escondidos

- ⭐ 3 ESTRELAS DOURADAS
- 🏆 3 TROFÉUS VERMELHOS
- 🧰 4 BAÚS DO TESOURO VERDES

Pedido do mensageiro

Preciso entregar duas mensagens. Ajude-me a encontrar os destinatários:
- um rei com suas filhas
- três percussionistas sentados mais para o fundo

Pedido do diretor

Ah, não! O ator que interpreta um esqueleto não decorou as falas. Preciso dele para a próxima cena, mas ele está escondido em algum lugar. Encontre-o e traga-o para mim.

Gazeta de Labirintópolis — VOL.4

Espião é visto no Teatro Dourado

A nova produção de *A Bela e a Fera* estreou ontem à noite, com ótimas críticas. O espetáculo é tão bom que uma companhia rival enviou um espião para roubar as melhores ideias. Dizem que ele está usando uma fantasia de fantasma. Algum dos nossos leitores viu o espião?

A sala das caldeiras

Vruuum!

Ouça o barulho dos motores da sala das caldeiras. Engrenagens enormes rangem e gemem bem lá embaixo. As caldeiras roncam. As chaminés metálicas soltam baforadas de vapor. Está fervendo de tão quente. Um emaranhado de tubos retorcidos se estende pela escuridão.

Deve haver um jeito de atravessar. Equilibre-se nos canos quentes. Não esbarre nos capangas do Senhor X. Não olhe para baixo. E, aconteça o que acontecer, não caia!

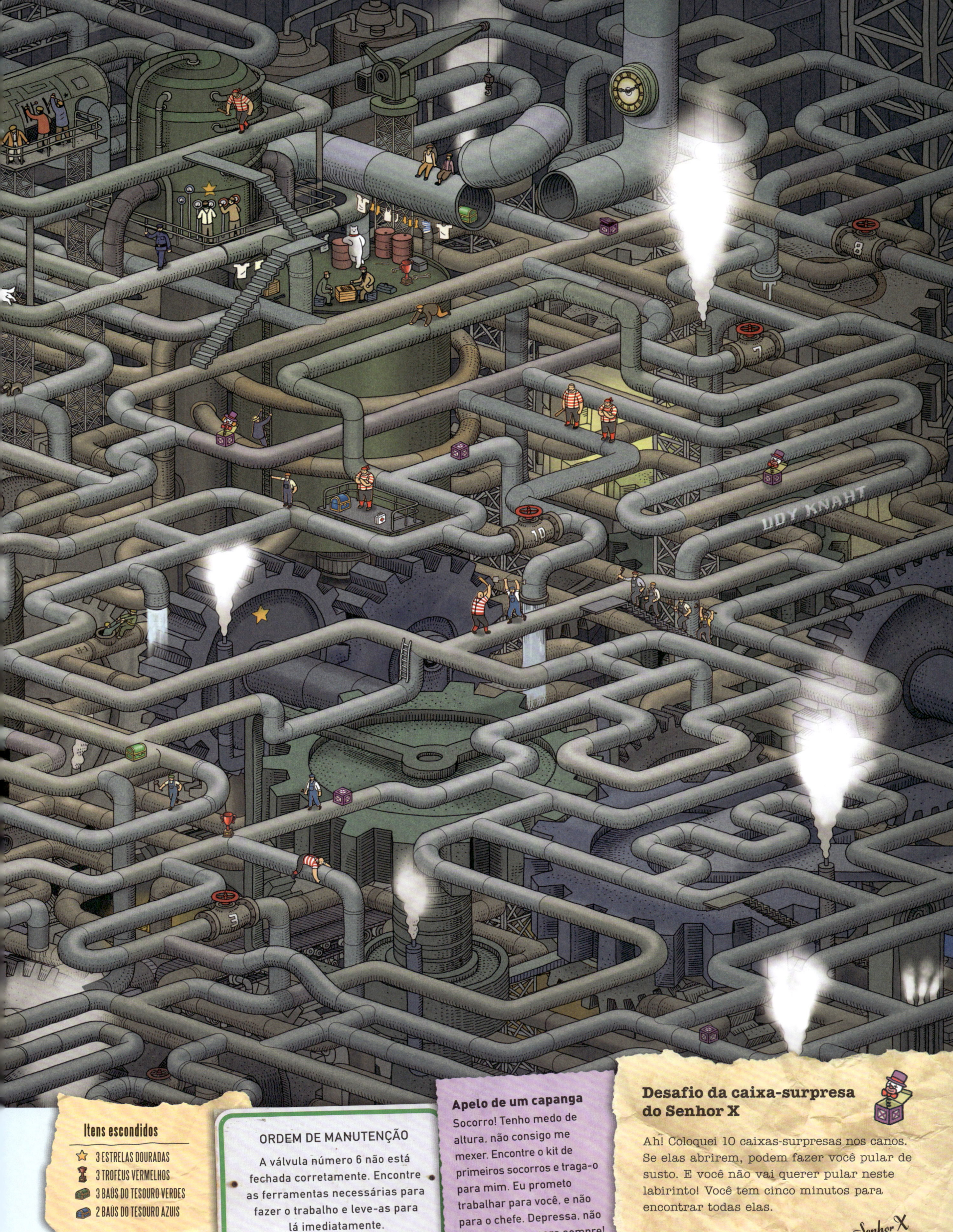

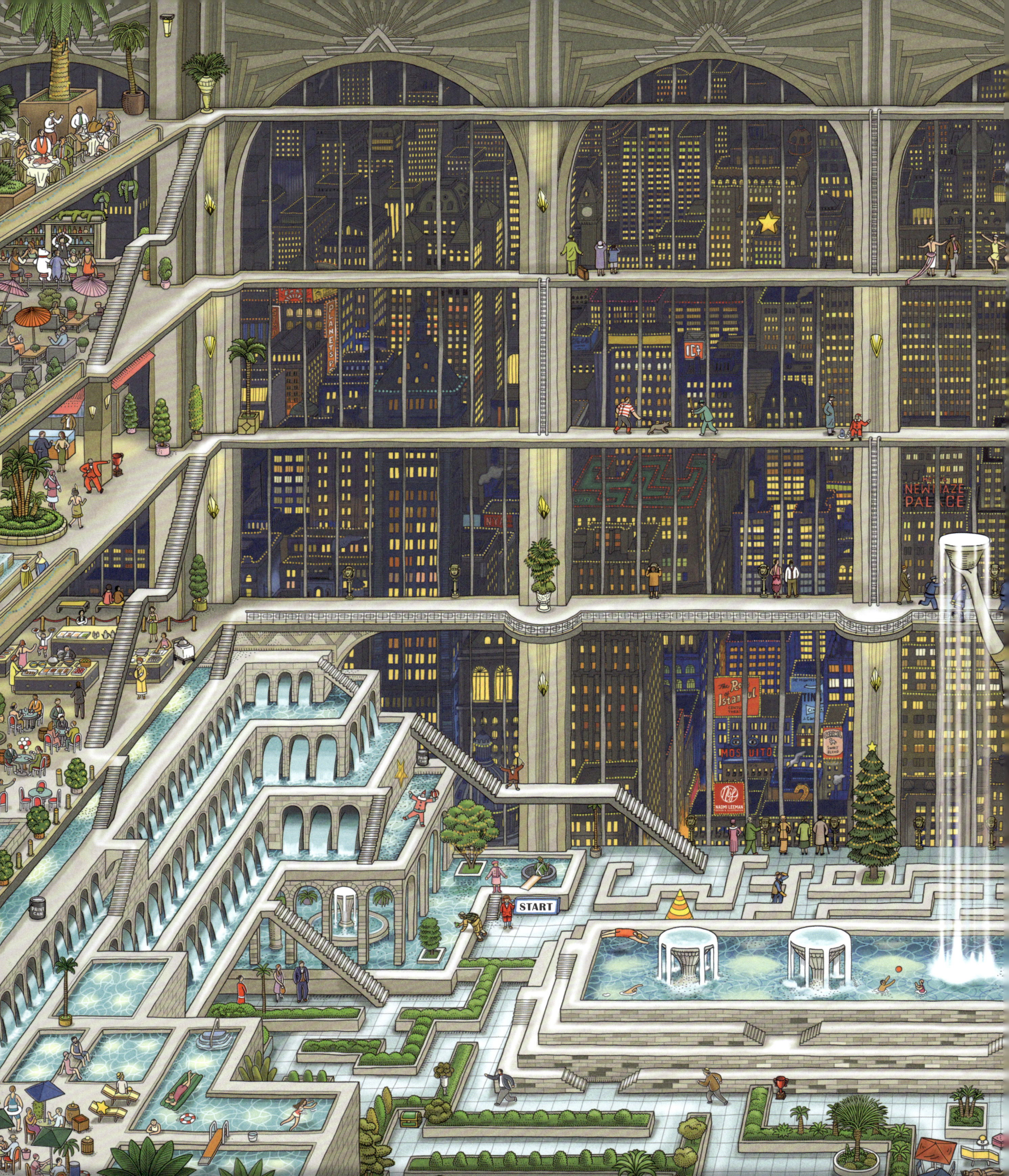

O mirante

Uau! Que brilho! Que luz!

O tubo de saída da sala das caldeiras é uma passagem secreta para o mirante. Você já viu algo tão bonito?

Olhe pelas maiores janelas do mundo e veja as luzes da cidade brilhando como estrelas. Encante-se com as fontes das estátuas imponentes. Espere! Está ficando tarde! Não há tempo para contemplar a paisagem. O Senhor X encontrou o elevador para o grande salão de baile. E o labirinto através das piscinas é um dos mais difíceis até agora...

O enigma do salão de baile

Todos os detetives estão curtindo o Natal no grande salão de baile. Mas Lorde Doce teve um colapso nervoso!

– O Senhor X envenenou meus doces de Natal, depois roubou minhas chaves que guardam o Cubo Mágico! – ele ofega. – E ele deixou um enigma para vocês no salão de baile. Não há como detê-lo!

Os outros detetives parecem ter perdido a esperança. Mas Pierre, o detetive dos labirintos, sabe que sempre há um caminho! Vamos com calma: antes das chaves, você deve encontrar o antídoto: uma pequena garrafa roxa marcada com uma caveira e ossos cruzados.

Itens escondidos

- ⭐ 4 ESTRELAS DOURADAS
- 🏆 3 TROFÉUS VERMELHOS
- 🎁 1 BAÚ DO TESOURO VERMELHO
- 🂠 1 CARTA DA ESTRELA DA SORTE

Pedido do cantador do bingo

Perdi meu número 6! Se você encontrá-lo e entregá-lo ao jogador que precisa dele, receberá metade do prêmio.

Cão dos labirintos desaparecido

Novelo, o cão dos labirintos, é o único detetive rápido o suficiente para capturar o Senhor X! Mas você o perdeu na confusão. Encontre Novelo para salvar o Cubo Mágico.

O desafio da chave do Senhor X

Caro Pierre, o Cubo Mágico está quase ao meu alcance. Eu tenho as chaves para as quatro fechaduras, e um balão de ar quente esperando para levá-lo embora. Sua única esperança é achar as quatro chaves perdidas no salão de baile. Aposto que você não vai encontrá-las a tempo de desvendar este mistério!

Senhor X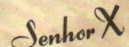

Confronto nas alturas

No topo da escada, a porta se abre e... Nossa! Você se vê na beira do telhado!

As pessoas lá embaixo são do tamanho de formigas. A neve está caindo, balões de ar quente passam por perto, e o Cubo Mágico ilumina tudo com sua luz dourada.

Novelo correu na frente e está segurando a capa do Senhor X para atrasá-lo. É quase meia-noite, e há um último labirinto para resolver.

Rápido! Encontre o caminho até o topo. Você deve chegar ao Cubo Mágico primeiro.

| EPÍLOGO | Gazeta de Labirintópolis |

Senhor X, o ladrão fantasma, é preso
Cão dos Labirintos salva o dia

Cubo Mágico é recuperado à meia-noite
Perseguição assustadora no topo da Torre Imperial Labirinto

Ontem, Lorde Doce, proprietário da Torre Imperial Labirinto, recebeu uma carta do Senhor X, o ladrão fantasma, revelando sua trama diabólica para roubar o Cubo Mágico e forçar o cancelamento do Natal em Labirintópolis. O Senhor X só foi capturado depois de ter sido perseguido por muitos dos maiores detetives do mundo. Pierre, o detetive dos labirintos, finalmente o capturou, após um ato de grande bravura do cãozinho de sua amiga Carmem, Novelo. Dizem que o Senhor X planeja uma fuga da prisão de Labirintópolis, mas Pierre prometeu que o vilão não terá onde se esconder. Pierre o encontrará onde quer que ele esteja. Afinal, Pierre é o detetive dos labirintos.

CÃO DOS LABIRINTOS RECEBERÁ OSSO DE OURO COMO RECOMPENSA
Susto após osso desaparecer do leito de milionário

Como recompensa por sua perseguição ao Senhor X, Lorde Doce ofereceu a Novelo, o cão dos labirintos, um canil em seu Hotel dos Sonhos e um osso de ouro maciço. No entanto, o lorde teve que oferecer uma segunda recompensa depois que o osso de ouro desapareceu. – Deixei o osso no grande salão de baile! – disse Doce. – Convoco detetives dos labirintos de todo o mundo para localizá-lo.

Mensagem aos leitores! Perderam alguma coisa? Informações adicionais agora disponíveis!

Monstro conhecido como "Pé Amarelo" pode estar em Labirintópolis

Foram reportados vários avistamentos do Pé Amarelo na Rua Central de Labirintópolis. Por favor, confirmem com seus próprios olhos.

Autorretrato do artista revelado

Hirofumi Kamigaki, o ilustrador deste livro, está exibindo um autorretrato de seus dias de estudante na Grande Exposição. Os críticos têm muito a dizer sobre a imagem. Por que você não a encontra e julga por si mesmo?

Desafio do detetive dos labirintos
Encontre "P" de Pierre

Para comemorar sua aventura, Pierre escondeu seu famoso emblema da letra "P" em todas as cenas da história. Vamos, encontrá-los, detetives!

Desaparecido!
Acrobatas de circo perdem tigre na Torre Imperial Labirinto

Um dos três tigres de propriedade dos famosos acrobatas da torre foi declarado perdido. Se você o encontrar, informe o líder dos acrobatas, que está esperando no saguão.

TESTE

1. Qual animal no navio é maior que um golfinho?
2. A que horas eles chegaram ao porto?
3. Qual é o número de três dígitos no prédio rosa de Labirintópolis?
4. Quantas pessoas estão tocando trompete no saguão do hotel?
5. No hotel, que animal está furioso no quarto dos artistas de circo?
6. Quais são as outras palavras ocultas na biblioteca?
7. Quantas pessoas estão na prisão na Grande Exposição?
8. Que animais estão no palco da ópera, além do dragão?
9. Que palavras estão escritas em um cano no lado direito da sala das caldeiras? (Leia de trás para a frente.)
10. O que o caubói está bebendo no grande salão de baile?

Respostas: 1 – Orca; 2 – 12h10; 3 – 082; 4 – 10; 5 – Gorila; 6 – SECRET LIBRARY, BOOK; 7 – 3; 8 – Elefante, cachorro, gato, rato; 9 – THANK YOU; 10 – Leite.

Gazeta de Labirintópolis

RESPOSTAS

REVELADOS OS CAMINHOS CORRETOS DO LABIRINTO
Você encontrou o caminho até o topo da torre?

Detetives com as mais diversas habilidades contribuíram para capturar o Senhor X e garantir que o Cubo Mágico continuasse a brilhar em Labirintópolis. Você é um deles? Há relatos de algumas rotas complicadas, outras terríveis e algumas que deixaram as pessoas zonzas. As rotas de Pierre e os itens escondidos aparecem abaixo. Lembre-se: há muitas maneiras de atravessar um labirinto, mas todo labirinto é incrível.

- — Labirinto
- × Desafio do Senhor X, artigos, etc.
- ○ Itens escondidos
- ○ Outros itens
- ○ Informações extras, testes, etc.

No convés

Transatlântico

Um porto lotado

Labirintópolis

Saguão principal

Enigma da Loja do Doce

O parque de diversões

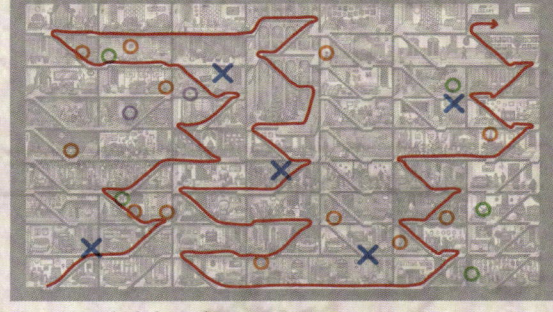
Quartos de hóspedes

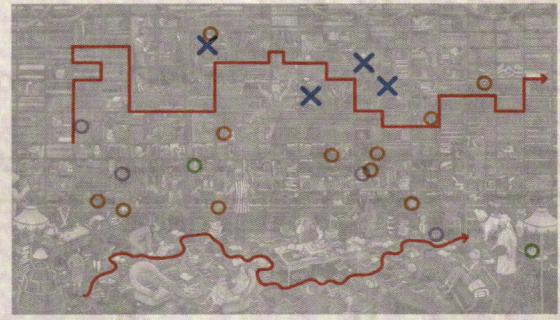
Enigma da biblioteca

A Grande Exposição

O Teatro Dourado

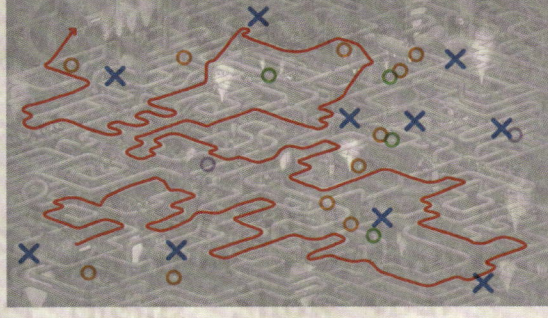
A sala das caldeiras

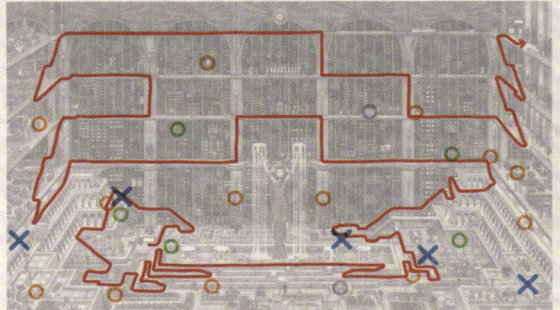
O mirante

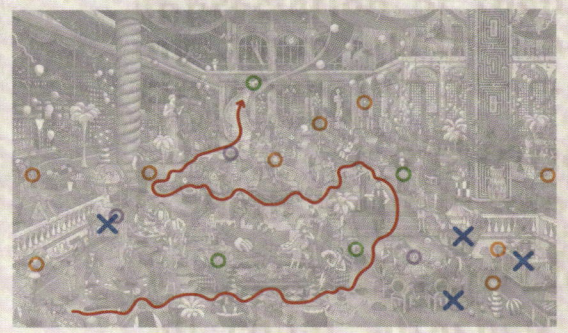
O enigma do salão de baile

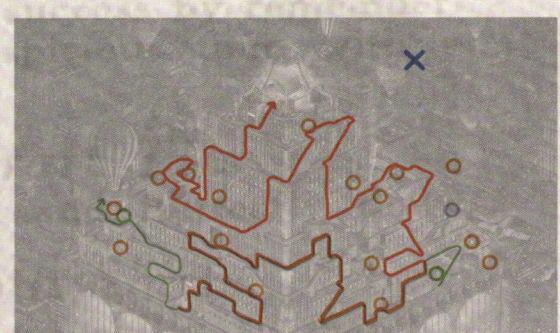
Confronto nas alturas

Pierre
DETETIVE DOS LABIRINTOS
O MISTÉRIO DA TORRE IMPERIAL LABIRINTO

Agradecimentos especiais

IC4DESIGN

Daisuke Matsubara

Yoko Sugi

Arisa Imamura

Keiko Kamigaki

Masami Tatsugawa

Elizabeth Jenner • Emma Sakamiya • Naomi Leeman
Philip Contos • Alexandre Coco • Jason Hook
Andrej Schachtschneider • Agnes Kato
Benjamin LeMar • Mikiko Matsubara
Anthony-Cédric Vuagniaux

Junichi Nagaoka • Yukihiko Yoshida

Ilustrações e texto original: © 2017 IC4DESIGN
A IC4DESIGN declara seus direitos de ser identificada como autora desta obra sob o Copyright, Designs and Patent Act, 1988.
A edição original deste livro foi criada, produzida e publicada em 2017 pela Laurence King Publishing Ltd., em Londres.

© 2025 desta edição:
Ciranda Cultural Editora e Distribuidora Ltda.
Tradução: Monique D´Orazio
Editora: Lígia Evangelista
Preparação de texto: Karina Barbosa dos Santos
Revisão: Mariana Fujisawa, Tamiris Sene e Jamille Gentile
Diagramação: Ricardo Neuber

1ª Edição em 2025
www.cirandacultural.com.br

Todos os direitos reservados. Nenhuma parte desta publicação pode ser reproduzida, arquivada em sistema de busca ou transmitida por qualquer meio, seja ele eletrônico, fotocópia, gravação ou outros, sem prévia autorização do detentor dos direitos, e não pode circular encadernada ou encapada de maneira distinta daquela em que foi publicada, ou sem que as mesmas condições sejam impostas aos compradores subsequentes.

BEM-VINDO(A) À TORRE IMPERIAL LABIRINTO

VEJA DO ALTO TODAS AS BELEZAS *da* INCRÍVEL CIDADE DE LABIRINTÓPOLIS

Aberta diariamente

Conheça uma das construções mais famosas do mundo

Bem-vindo(a) à Torre Imperial Labirinto, localizada no coração de Labirintópolis. Os andares superiores oferecem vistas panorâmicas de tirar o fôlego. Não importa se você está na cidade para passar um dia, uma semana ou um mês. A Torre Imperial Labirinto é parada obrigatória.

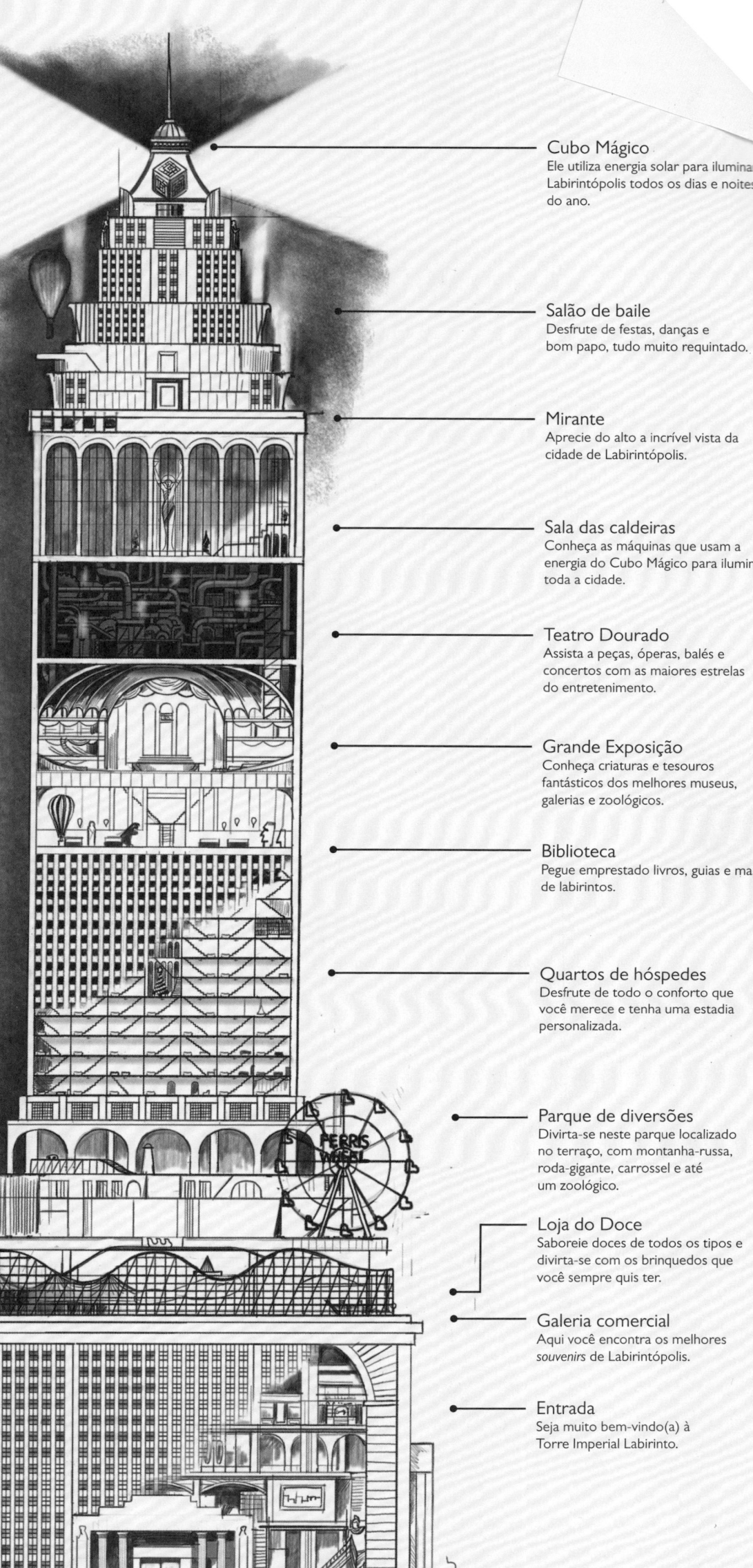

Cubo Mágico
Ele utiliza energia solar para iluminar Labirintópolis todos os dias e noites do ano.

Salão de baile
Desfrute de festas, danças e bom papo, tudo muito requintado.

Mirante
Aprecie do alto a incrível vista da cidade de Labirintópolis.

Sala das caldeiras
Conheça as máquinas que usam a energia do Cubo Mágico para iluminar toda a cidade.

Teatro Dourado
Assista a peças, óperas, balés e concertos com as maiores estrelas do entretenimento.

Grande Exposição
Conheça criaturas e tesouros fantásticos dos melhores museus, galerias e zoológicos.

Biblioteca
Pegue emprestado livros, guias e mapas de labirintos.

Quartos de hóspedes
Desfrute de todo o conforto que você merece e tenha uma estadia personalizada.

Parque de diversões
Divirta-se neste parque localizado no terraço, com montanha-russa, roda-gigante, carrossel e até um zoológico.

Loja do Doce
Saboreie doces de todos os tipos e divirta-se com os brinquedos que você sempre quis ter.

Galeria comercial
Aqui você encontra os melhores *souvenirs* de Labirintópolis.

Entrada
Seja muito bem-vindo(a) à Torre Imperial Labirinto.